¡BRAVO, BRAVO! Level «Animales»

The materials for this level have been researched written, and developed by the *Editorial Department of Santillana, S.A.*, under the direction of **Antonio Ramos**. The following authors have participated:

MERCEDES GARCÍA LORENZO
FUENCISLA ISABEL SANZ

Editorial Director: CASTO FERNÁNDEZ DOMÍNGUEZ
Managing Editor: PILAR PEÑA PÉREZ
Project Editor: VALENTINA VALVERDE RODAO
Illustrators: ANTONIO TELLO, BEATRIZ UJADOS

The authors and publisher would like to thank the following educators for their reviews of manuscript during the development of the project.

TIM ALLEN	*San Diego Unified School District, San Diego, California*
ELVA COLLAZO	*Board of Education, NY, New York*
DENISE B. MESA	*Dade County Public School, Miami, Florida*
MARTHA V. PEÑA	*Dade County Public School, Miami, Florida*
DR. SILVIA PEÑA	*University of Houston, Houston, Texas*
ANA PÉREZ	*Baldwin Park Unified School District, Baldwin Park, California*
CARMEN PÉREZ HOGAN	*NY State Dept. of Education, Albany, New York*
MARÍA RAMÍREZ	*NY State Dept. of Education, Albany, New York*
MARÍA DEL CARMEN SICCARDI	*Spanish TV Broadcaster, Washington, DC*
DR. ELEONOR THONIS	*Wheatland Independent School District, Wheatland, California*
NANCY B. VALDEZ DEL VALLE	*Dade County Public School, Miami, Florida*

Published in the United States of America
ISBN: 0-88272-861-X
Printed in Spain

Santillana Publishing Company, Inc. 257 Union Street, Northvale, NJ 07647

¡Bravo, bravo!

SPANISH FOR CHILDREN

El bosque
ANIMALES - BOOK 1

santillana

CONTENIDO

Día del loro

Canta

Aprende

¡Hola!

¡Adiós!

Soy el loro.
Soy tu amigo.

Escucha

ga	go

gato

gota

gallo

goma

5

¡Hola, amigo!

Una mañana, en el bosque...

Es de noche en el bosque.

Saludos

- *Observa y completa.*

Despedidas

● *Observa y completa.*

Adiós amig**as** amig**a**

Amigos

● **Elige y completa.**

amig**o**　　　amig**a**

Yo soy tu **amiga**.

Yo también soy tu ____.

Yo soy tu ____.

Yo también soy tu ____.

Yo soy tu ____.

Yo también soy tu ____.

12

Juegos

- *La gallina ciega*

Voces y sonidos

- *Escucha y ordena con los colores.*

Día del perro

Canta

Aprende

Me llamo ...

Vivo en ...

Mi teléfono es ...

Escucha

r	rr

loro

bombero

perro

burro

15

Fuego en la granja

Daniel vive en una granja cerca del bosque.

16

¡Hay fuego
en la granja!

Tengo que avisar
a Daniel.

¡Guau, guau!

¡Muuu!

¡Hiii!

EL PASO Nº 10

Hay fuego en mi casa.
Me llamo Daniel González.
Vivo en El Paso, número 10.
Mi teléfono es 247-65 34.

¡Cuá, cuá!

¡Pío, pío!

¡Miau!

Los números

● *Lee.*

0	1	2	3	4	5	6	7	8	9
cero	uno	dos	tres	cuatro	cinco	seis	siete	ocho	nueve

Aquí la policía.

Aquí los bomberos.

Aquí el hospital.

● *Ahora, tú.*

Averigua y di el número de teléfono de la policía,
el hospital y los bomberos de tu ciudad.

20

Mi dirección

● *Lee y completa.*

Daniel González
El Paso, n.°10
Los Angeles
Teléfono: 247-65 34

Aquí los bomberos.

¡Hay fuego en mi casa!

- ● ¿Cómo te llamas?
- ■ Me llamo   .
- ● ¿Dónde vives?
- ■ Vivo en   .
- ● ¿Número de teléfono?
- ■   .

¿Dónde vives?

la casa

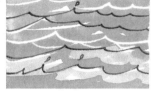
el agua

la granja

el bosque

Yo vivo en **la casa.**

Yo vivo en...

Yo vivo en...

Yo vivo en...

22

Juegos

- *La carrera*

¡Fuego!
Otra vez juego.

¡Policía!
En la cárcel un día.

¡Hospital!
Estoy muy mal.

Voces y sonidos

● *Escucha e imita.*

Día de la tortuga

Canta

Aprende

Tengo muchos años.

¿Qué hora es?

Escucha

gr	tr

gris

ne**gr**o

tres

tren

25

La tortuga es vieja

Es de noche en el bosque.

La tortuga es vieja y duerme mal.

26

¡Qué buena está el agua!

Tengo ...

● **Completa.**

cinco (5)	diez (10)	sesenta (60)
tres (3)	treinta (30)	

● **Y tú, ¿cuántos años tienes?**

- **Observa y completa.**

hambre   sueño   sed

Tengo **hambre.**

Tengo _____ .

Tengo _____ .

Tengo _____ .

Tengo grande verdeque, pinocha y _____ .

31

¿Qué hora es?

- *Observa y lee.*

Son las cinco.

Son las dos.

Son las siete.

Son las cinco
menos cuarto.

Son las dos
y cuarto.

Son las siete
y media.

Juegos

- **¿Qué números faltan?**

- **Escucha y juega con tu compañero.**

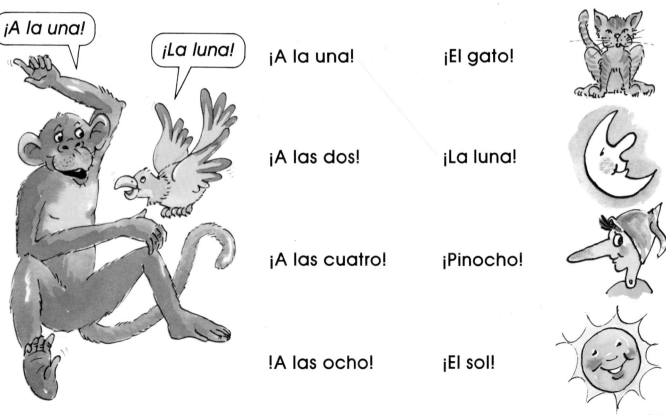

¡A la una!

¡La luna!

¡A la una!   ¡El gato!

¡A las dos!   ¡La luna!

¡A las cuatro!   ¡Pinocho!

!A las ocho!   ¡El sol!

Voces y sonidos

- **Observa, escucha e imita.**

- **Escucha y repite.**

Palabras difíciles

Tres   tristes   tigres   en un trigal.
1   2   3   4

Tres tristes   tigres   en un trigal.
1   2   3

Tres tristes tigres   en un trigal.
1   2

Ahora tú: Tres tristes tigres en un trigal.

34

Día del mono

Canta

Aprende

NIÑA 1: ¿De dónde eres?

NIÑO: Soy de México.

NIÑA 2: ¿Está lejos?

NIÑO: No, no está lejos.

Escucha

h	j

helado  tijeras

hilo naranja

35

37

38

39

Yo soy de América

Observa y completa.

Yo **soy** de América.
Soy de Estados Unidos.

Yo ____ de América.
____ de México.

Yo ____ de América.
____ de Puerto Rico.

Yo ____ de América.
____ de Argentina.

Somos de América.

Yo soy americano

● *Observa y completa.*

Yo **soy** americana.
Soy estadounidense.

Yo _____ americano.
_____ mexicano.

Yo _____ americana.
_____ puertorriqueña.

Yo _____ americano.
_____ argentino.

Somos americanos.

41

Está en ...

● *Lee y completa.*

Yo soy de México D.C.
México D.C. **está en** México.

Yo soy de Nueva York.
Nueva York **está en** Estados Unidos.

_____ de San Juan.
San Juan _____ Puerto Rico.

_____ de Buenos Aires.
Buenos Aires _____ Argentina.

Juegos

¿*Tijeras, piedra o papel?*

tijeras   piedra   papel

CHICO: !Tijeras!
CHICA: ¡Papel!
CHICO: Yo gano.

CHICO: ¡Piedra!
CHICA: ¡Tijeras!
CHICO: Yo gano.

CHICO: ¡Piedra!
CHICA: ¡Papel!
CHICA: Yo gano.

43

Voces y sonidos

- **Escucha y di los números.** Música y ritmos latinoamericanos

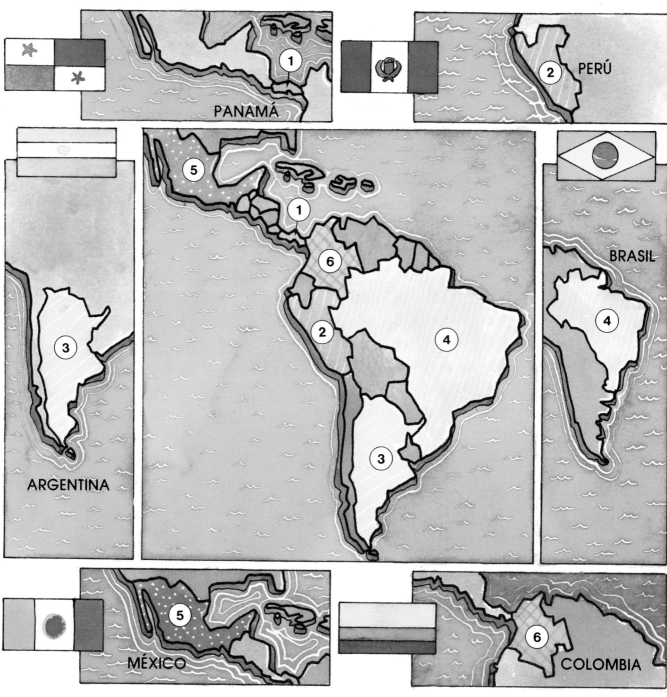

44

Día de la abeja

Canta

Aprende

La abeja es pequeña.

La abeja es negra
y amarilla.

Escucha

ge

gemelos

geranio

gi

girasol

gigante

45

¡Felicidades!

46

La abeja tiene cuatro amigos: el loro, el perro, la tortuga y el mono.
Los cinco amigos viven en el bosque.

49

¿Cómo es?

- **Observa y lee.**

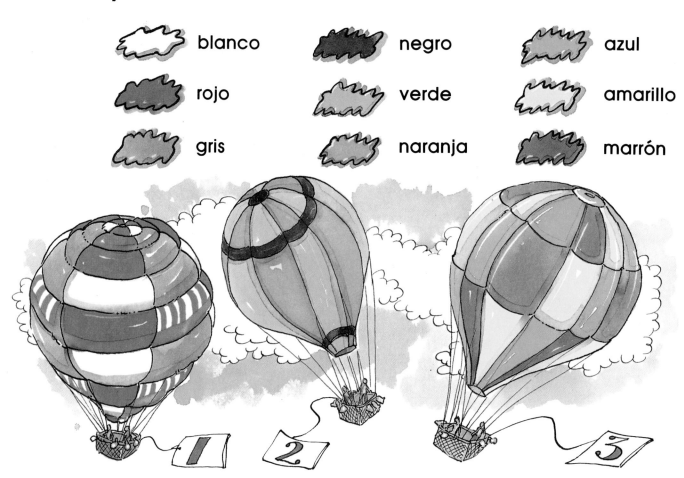

blanco   negro   azul

rojo   verde   amarillo

gris   naranja   marrón

- **Completa.**

El globo 1 es _____ , _____ y _____ .

El globo 2 es _____ , _____ y _____ .

El globo 3 es _____ , _____ y _____ .

50

● *Observa y habla.*

perro

jirafa

abeja

hipopótamo

elefante

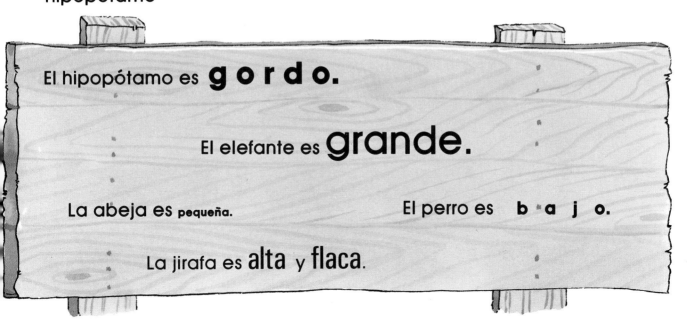

El hipopótamo es **g o r d o.**

El elefante es **grande.**

La abeja es pequeña.

El perro es **b a j o.**

La jirafa es **alta** y **flaca.**

Contrarios

- *Observa y lee.*

El hipopótamo es grande,
pero la ardilla es pequeña.

Carlos es gordo,
pero Juan es flaco.

Ana es alta,
pero Vanesa es baja.

La jirafa es flaca,
pero el elefante es gordo.

- *Ahora, contesta.*

¿Cómo es la ardilla?
¿Y Ana?
¿Y Vanesa?
¿Y la jirafa?

¿Cómo es el hipopótamo?
¿Y Carlos?
¿Y Juan?
¿Y el elefante?

Juegos

• *Adivina adivinanza*

Es negra y amarilla.
Es pequeña y flaca.
Es joven.

Es verde y rojo.
Es pequeño y flaco.
Es joven.

Es marrón.
Es pequeño y flaco.
Es joven.

¿Quién es?

Es gris.
Es grande y flaco.
Es joven.

Es verde.
Es baja y gorda.
Es vieja.

Voces y sonidos

- *Escucha e imita.*

Complementos

La pajarita de papel

La pajarita de papel
pica la flor
en la miel.

La pajarita de papel
no tiene alas para volar,
pero tiene un piquito para comer.

La pajarita de papel
la hizo un niño de ojos azules
y ojos le puso como los de él.

La pajarita de papel,
que tiene pico para comer
y tiene ojos para mirar,
se siente triste y sin comprender
su falta de alas para volar.

JULIO ZERPA

56

Adivina, adivinador...

Doña Manuela,
cara marrón y pura arruga,
anda lenta, lentamente,
porque es una ...

Grita y habla todo el día,
y le llaman Polidoro,
es verde como sandía,
porque se trata de un ...

Nos lo trajeron de un río
hace poco más de un mes,
vive mojado y sin frío,
porque se trata de un ...

Mi diccionario

A

B

abeja
bee

barrio
neighborhood

bombero
firefighter

agua
water

beber
to drink

bosque
forest

ardilla
squirrel

blanco/a
white

burro
donkey

C

caballo
horse

carrera
race

circo
circus

comer
to eat

D

4 Main St
Westfield, N.J.
U.S.A.

dirección
address

F

fuego
fire

G

gemelos
twins

geranio
geranium

gigante
giant

girasol
sunflower

globo
balloon

gota
drop

59

L

loro
parrot

M

marrón
brown

meta
finish line

música
music

P

pájaro
bird

papel
paper

pato
duck

perro
dog

piedra
stone

R

rápido/a
fast

reina
queen

río
river

sed
thirsty

sesenta
sixty

supermercado
supermarket

teléfono
telephone

tigre
tiger

tijeras
a pair of scissors

**tocar
(un instrumento)**
to play

tortuga
turtle

treinta
thirty

triste
sad

zanahoria
carrot

61

Vocabulario activo

Palabras que aparecen ocho o más veces en el Libro.

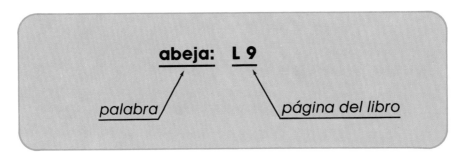

abeja: **L 9**

palabra / página del libro

A

a: L 17
abeja: L 9
adiós: L 5
agua: L 22
alto/a: L 52
amarillo/a: L 45
amigo/a: L 7
Ana: L 52
años: L 25
aquí: L 20
ardilla: L 52
argentino/a: L 40

B

bajo/a: L 51 - C 37
bosque: L 6 - C 12

buenas noches: L 9
buenos días: L 7

C

calle
casa: L 8
cerca: L 16
cinco: L 18
claro
come
cómo: L 21
cuarto: L 32
cuatro: L 18
cumpleaños: L 46
cumplo

CH

chico/a: L 43

D

de: L 9
del: L 5
día: L 5
diez: L 18
dónde: L 21
dos: L 18

E

el: L 5
en: L 6
eres: L 7
es: L 8

está: L 29
Estados Unidos: L 40

F

flaco/a: L 52
fuego: L 17

G

gato: L 5
gordo/a: L 51
grande: L 51
granja: L 16
gris: L 25

H

hambre: L 31
hola: L 5
hora: L 25
hospital: L 20
hoy: L 46

L

la: L 9
las: L 32
lejos: L 35
lento/a
listo/a
loro: L 5

LL

(me) **llamo:** L 15

M

marrón: L 50
me: L 15
México: L 35
mi: L 8
mono: L 7

N

no: L 13
nueve: L 20
número: L 18

O

ocho: L 20 - C 20

P

pelota
pequeño/a: L 45
perro: L 8
Puerto Rico: L 40

Q

quién: L 7

R

rápido/a
rojo/a: L 50

S

sed: L 27
seis: L 18
sí: L 13
siete: L 18
simpático/a
son: L 32
soy: L 5
sueño: L 26

T

teléfono: L 15
tengo: L 17
tiene: L 30
tortuga: L 7
tres: L 18
tu: L 5
tú: L 7

U

un: L 19
una: L 6
uno: L 20

V

verde: L 50
vive: L 16
vivo: L 15

Y

y: L 14
yo: L 6